Edda Wechsung

Hirngesunde Aufstriche

Essen gegen Demenz

Copyright: © 2021 Edda Wechsung
Lektorat: Erik Kinting – www.buchlektorat.net
Umschlag & Satz: Erik Kinting
Fotos & Titelbild: Anna-Lena Leber – info@urgesund-fotografie.de
https://urgesund-fotografie.de / www.instagram.com/urgesund.fotografie

Verlag und Druck:
tredition GmbH
Halenreie 40–44
22359 Hamburg

978-3-347-29436-3 (Paperback)
978-3-347-29437-0 (Hardcover)
978-3-347-29438-7 (e-Book)

Bibliografische Information der Deutschen Nationalbibliothek:
Die Deutsche Nationalbibliothek verzeichnet diese Publikation in der Deutschen Nationalbibliografie; detaillierte bibliografische Daten sind im Internet über http://dnb.d-nb.de abrufbar.

Inhalt

Demenz als Schicksal?

Die Prognose ist düster: 2018 wurden 1,6 Millionen Fälle gezählt, im Jahr 2050 werden nach heutiger Prognose 2,7 Millionen demenzkranke Menschen erwartet. Das bedeutet, dass jeden Tag ca. 1000 Menschen die Diagnose *Demenz* erhalten. Die geburtenstarken Jahrgänge kommen ins Rentenalter und immer weniger junge Menschen müssen den Wohlstand der Gesellschaft sichern. Der Mangel an Pflegekräften, jetzt schon spürbar, wird sich fortsetzen oder gar verschärfen. Die Vorstellung, im Alter dement und ohne ausreichende Fürsorge zu sein, macht Angst. Es gibt wahrscheinlich niemanden, der sich ein Lebensende als Pflegefall wünscht, erst recht nicht, wenn das mit Krankheiten wie *Alzheimer* oder *Demenz* verbunden ist.

Aber ist Demenz wirklich der Preis für steigende Lebenserwartung? Ist die Erkrankung unausweichliches Schicksal der alternden Menschen? Es gibt gute Gründe, an dieser These zu zweifeln. Die Genetik allein kann die beobachtete Steigerung der Fallzahlen nicht erklären, dazu verläuft die Entwicklung zu schnell. Es liegt deshalb nahe, die Ursachen auch in der modernen Lebensweise zu suchen. – Und tatsächlich: Es gibt immer neue, interessante Forschungsergebnisse. Ernährung, Mikronährstoffversorgung und die Besiedelung des Darmes mit Mikroorganismen spielen eine Rolle. Natürlich gibt es noch mehr Faktoren, die in anderen Bereichen liegen und Gegenstand der Forschung sind, aber eine gute Darmgesundheit und ausreichende Versorgung mit allen notwendigen Mikronährstoffen ist eine wichtige Grundlage, damit sich der Körper selbst gesund erhalten kann.

Die gute Nachricht ist: Die Erkrankung ist kein unabwendbares Schicksal und hohes Alter geht nicht automatisch mit Demenz einher. Dabei gilt es, so früh wie möglich dem Ausbruch vorzubeugen oder in den bestehenden Krankheitsverlauf einzugreifen. Man kann davon ausgehen, dass zum Zeitpunkt der Diagnose schon über lange Zeiträume Mangelsituationen bestanden.

Mit diesem Buch möchte ich Mut machen und dazu anregen, konkrete Schritte zur Vorbeugung einzuleiten. Ich möchte aber auch Menschen ansprechen, die einen demenzkranken Angehörigen betreuen. Das Buch soll dabei unterstützen, hirngesunde Nahrungsmittel herzustellen, die vom Erkrankten gut aufgenommen werden können. Dabei ist auch Platz für die Entwicklung eigener Rezepte und somit Raum für Kreativität.

Demenz und Ernährung

Der Zusammenhang zwischen veränderter Ernährung und Zunahme von Demenz ist naheliegend und lässt sich gut erklären. Industrielle Verarbeitung, Fast Food, Fertiggerichte und ein hoher Anteil an leicht verdaulichen Kohlenhydraten prägen die Entwicklung der Ernährung in den letzten Jahrzehnten. Dazu kam die fatale (und heute weitgehend widerlegte) Theorie, Fett sei schädlich und ein hoher Fettkonsum würde den Cholesterinspiegel anheben und das Risiko für Herzinfarkt und Schlaganfall erhöhen. Infolgedessen kamen fettreduzierte Produkte in Mode und der Anteil an Kohlenhydraten bei der täglichen Nahrungsaufnahme stieg an. Gleichzeitig gehen körperliche immer weiter Aktivitäten zurück. Der Anstieg von *Diabetes mellitus, metabolischem Syndrom* und anderen chronischen Krankheiten ist die unmittelbare Folge.

Auch das Gehirn ist von den Auswirkungen betroffen, denn die Nervenzellen brauchen eine gute Energieversorgung und benötigen besonderen Schutz vor schädlichen Substanzen.

Grundsätzlich besteht die Nahrung aus den Makronährstoffen Fett, Eiweiß und Kohlenhydraten. Das Verhältnis dieser Nährstoffe in der Nahrung bestimmt darüber, wie der Stoffwechsel abläuft. Das Fett hat in den letzten Jahren wieder einen besseren Ruf bekommen, trotzdem gilt *fettreduziert* noch häufig als besonders gesund.

Das Gehirn besteht überwiegend aus Nervenzellen. Insbesondere die Verkleidungen der Nervenfortsätze, die *Myelinscheiden*, brauchen Fett als Baumaterial. Zu erwähnen sei hier die besondere Rolle von *Omega-3-Fettsäuren*, insbesondere EPA (Eicosapentaensäure) und DHA (Docosahexaensäure). Dabei handelt es sich um Fettsäuren, die in hoher Konzentration nur in Fisch oder Algen vorkommen. Sie schützen die Nervenzellen und sind als Gegenspieler von *Omega-6-Fettsäuren* an der Regulierung von Entzündungen beteiligt.

Hirngesunde Ernährung beinhaltet deshalb reichlich gute Fette, denn Gehirnzellen können auch Fett als Energiequelle nutzen. Das ist insbesondere bei bestehender Unempfindlichkeit gegen Insulin von entscheidender Bedeutung. MCT-Öl und Kokosfett sind mittelkettige Fettsäuren, die in der Leber bevorzugt in Ketone umgewandelt werden und das Gehirn direkt mit Energie versorgen können. MCT-Öl oder Omega-3-Öl sind deshalb in jedem Rezept grundsätzlicher Bestandteil.

Eiweiß besteht aus verschiedenen Aminosäuren und ist für den Aufbau der Zellstrukturen notwendig, aber auch für Enzyme, Rezeptoren und Botenstoffe. Zu beachten ist hierbei, dass es essenzielle Aminosäuren gibt, die unbedingt über die Ernährung zugeführt werden müssen, da sie der Körper nicht selbst herstellen kann. Eiweißmangel ist aber selten, da unsere Nahrung viel davon enthält. In der Literatur finden sich unterschiedliche Aussagen zu Milchprodukten in ihrer Wirkung auf die Hirngesundheit. Ich verwende Joghurt und Frischkäse in den Rezepten, alternativ kann man hier auch auf Ziegen- oder Schafmilchprodukte ausweichen. Diese können besser verträglich sein und haben ein besseres Fettsäureprofil.

Wer für sich selbst Unverträglichkeiten feststellt, soll diese Produkte natürlich weglassen. Für das Klebereiweiß *Gluten* hingegen sind die Empfehlungen eindeutig: Gluten kann die Durchlässigkeit der Darmschleimhaut beeinflussen und sollte deshalb gemieden werden.

Kohlenhydrate, vor allem aus Weißmehl und Zucker, enthalten nur leere Kalorien und begünstigen die Entstehung zahlreicher Krankheiten – Menschen mit ständig hohem Blutzuckerspiegel haben ein erhöhtes Demenzrisiko. Ein Ansatz für die Erklärung der Entstehung von Demenz ist die These, dass es sich dabei um eine Stoffwechselkrankheit handelt. In diesem Szenario spielt das Insulin eine wichtige Rolle. Ein übermäßig schwankender oder häufiger hoher Blutzuckerspiegel verursacht eine permanent hohe Insulinproduktion. Daraus kann sich eine Insulinresistenz entwickeln, die sich auch auf den Stoffwechsel von Hirnzellen auswirkt. Wenn diese nicht mehr adäquat auf das Insulin reagieren, kann die Glukose als Energielieferant nicht richtig verwertet werden – mit fatalen Folgen. Insulin im Gehirn hat weniger mit dem

Blutzucker zu tun, sondern schützt unter anderem die Nervenzellen vor oxidativem Stress und fördert die Bildung und Ausschüttung verschiedener Botenstoffe. Dafür muss die Menge des Insulins fein abgestimmt sein. Wird das Gehirn ständig mit zu hohen Insulinkonzentrationen geflutet, leiden diese Funktionen.

Bei den Rezepten in diesem Buch wird also besonders auf Fette Wert gelegt, die das Gehirn optimal versorgen können. Dazu kommen passende Gemüse und Eiweißprodukte. Gewürze sind interessante Bestandteile, die sich positiv auf die Hirngesundheit auswirken. Von großer Bedeutung sind außerdem sekundäre Pflanzenstoffe, die vor allem als Farbstoffe in Obst und Gemüse vorkommen. Sie wirken antientzündlich und antioxidativ, deshalb bekommen sie einen Platz in vielen Rezepten.

Mikronährstoffe und Demenz

Mikronährstoffe sind Mineralien und Vitamine. Der Körper kann sie nicht selbst bilden, sie müssen über die Nahrung zugeführt werden. Es besteht die Auffassung, dass bei gesunder Ernährung der Bedarf an allen wichtigen Stoffen gedeckt wird. Dem steht jedoch entgegen, dass z. B. der Gehalt an Magnesium in Lebensmitteln seit 1914 um ca. 80 Prozent gesunken ist und eine Untersuchung der *ETH Zürich* kommt zu dem Ergebnis, dass der Klimawandel den Selenmangel im Boden verstärken wird. Vitamine gehen durch zu frühe Ernte und lange Transportwege verloren. Im Alter kann sich außerdem die Aufnahme von Mikronährstoffen verändern, entweder durch eine geschädigte Darmschleimhaut oder durch Wechselwirkungen mit Medikamenten.

Nicht alles, was zugeführt wird, kommt also auch in den Zellen an. Es ist daher nicht selbstverständlich, dass alle Mikronährstoffe dem Körper in derbenötigten Menge zur Verfügung stehen. Der Körper kann allerdings Mängel lange ausgleichen, bevor sich Auswirkungen zeigen. Beim Auftreten von Krankheitssymptomen steht die Diagnostik der Mikronährstoffversorgung meistens nicht an erster Stelle. So kann sich ein Mangel manifestieren und wird bei der Suche nach den Ursachen der Symptome oft nicht beachtet.

Ein Beispiel hierfür ist das Vitamin D: Eine ausreichende Versorgung ist unter anderem bei der Vorbeugung gegen Demenz von großer Bedeutung, denn es kann die Nervenzellen vor Schädigungen schützen. Die Resorption von Kalzium im Darm ist vom Vitamin-D-Spiegel abhängig und der Einbau in die Knochen wird durch Vitamin K2 gesteuert. Ohne Magnesium wiederum kann das Vitamin D nicht aktiviert werden. Das Zusammenspiel der einzelnen Mikronährstoffe ist komplex und wird von vielen Faktoren beeinflusst. Im Alter lässt beispielsweise die Fähigkeit, Vitamin D in der Haut zu bilden, um bis zu 75 Prozent nach. Defizite lassen sich einfach in Laboruntersuchungen feststellen. Anschließend können gezielte Maßnahmen getroffen werden, um diese Defizite auszugleichen. Im Anhang finden Sie eine Liste mit Zutaten der Aufstriche mit Angabe der jeweils häufigsten Mineralien.

Antioxidantien haben eine wichtige Funktion im Körper: Im Stoffwechsel entstehen unter Sauerstoffeinfluss freie Radikale, die normalerweise unschädlich gemacht werden. Wenn dieser Prozess gestört ist oder zu viele dieser freien Radikale entstehen, können Zellen geschädigt werden. Vitamin C und E sind Beispiele für starke Radikalenfänger. Auch sekundäre Pflanzenstoffe sind reich an Antioxidantien und helfen dem Organismus bei vielen wichtigen Aufgaben.

Mikrobiom und Gehirn

Der Zusammenhang zwischen Darmgesundheit und Demenz ist auf den ersten Blick nicht sichtbar und bei Weitem noch nicht vollständig erforscht: Über den Vagusnerv besteht eine direkte Verbindung zwischen Darm und Hirn. Hier erfolgt eine ständige Kommunikation, die weitestgehend unbewusst abläuft. Das Darmmikrobiom spielt eine Schlüsselrolle im Signalsystem des Körpers und hat damit auch Einfluss auf das Gehirn und die geistige Gesundheit.

Das Gehirn schützt sich durch die Blut-Hirn-Schranke vor schädlichen Einflüssen. Diese Barriere muss die richtigen Stoffe durchlassen und schädliche Substanzen aufhalten. Wenn diese Barriere nicht mehr richtig funktioniert, kann das zu einer Reihe von Entzündungsprozessen und letztlich neurodegenerativen Erkrankungen führen. Ein Faktor, der eine Zerstörung der Blut-Hirn-Schranke verursachen kann, ist die Veränderung der Darmdurchlässigkeit und somit die Störung der Darmbarriere. Normalerweise gelangen hier nur bestimmte Stoffe durch, die dann in den Blutkreislauf gelangen. Ist diese Durchlässigkeit gestört, schaffen es auch andere Stoffe in den Kreislauf und bis zur Blut-Hirn-Schranke zu gelangen. Auf diesem Weg aktivieren Sie das Immunsystem und fördern damit Entzündungsprozesse, die das Gehirn schädigen können.

Der Darm ist von einer Vielzahl Bakterien besiedelt, zusammen bringen diese es auf ein Gewicht von ca. zwei Kilogramm. Diese Bakterien produzieren ca. 500.000 Stoffwechselprodukte, von denen viele neuroaktiv sind wie zum Beispiel das Serotonin. Gewisse Substanzen, die von Darmbakterien produziert werden, können die Durchlässigkeit der Blut-Hirn-Schranke beeinflussen, zum Beispiel Endotoxine, die Entzündungen fördern und die Blut-Hirn-Schranke stören können. Dagegen produzieren andere Bakterienstämme kurzkettige Fettsäuren, die die Blut-Hirn-Schranke vor Schäden schützen.

Die Ernährung hat einen entscheidenden Einfluss auf die Zusammensetzung unserer Darmflora, der sogenannten *Darmmikrobiota*, und spielt eine wesentliche Rolle bei der Aufrechterhaltung der Darmgesundheit und der Darm-Hirn-Achse. Von besonderer Bedeutung ist hier die ausreichende Zufuhr von löslichen Ballaststoffen. Diese dienen den nützlichen Bakterien als Nahrung und können das Milieu im Darm günstig beeinflussen.

Warum Aufstriche?

In diesem Buch finden Sie ausschließlich Rezepte für Aufstriche, weil man in ihnen viele hirngesunde Nährstoffe in hoher Konzentration einfach kombinieren kann. Die Aufstriche lassen sich problemlos zu jeder Mahlzeit hinzufügen oder können pur verzehrt werden. Auch als Zwischenmalzeit eignen sie sich gut, Zum Beispiel zum Dippen mit (möglichst kohlenhydratarmen) Crackern. Die Rezepte sind weitgehend frei von Kohlenhydraten und halten deshalb den Blutzuckerspiegel konstant. Man kann eine größere Menge verschiedener Aufstriche herstellen und diese im Kühlschrank aufbewahren, dann hat man immer eine Auswahl zur Hand und ist mit den hirngesunden Nährstoffen gut versorgt, ohne zu jeder Mahlzeit ganze Gerichte kochen zu müssen. Sollte es notwendig sein, verschiedene Nahrungsergänzungsmittel einzunehmen, lassen sich diese flexibel hinzufügen und das Einnehmen zahlreicher Tabletten entfällt. Idealerweise kann man diese Präparate in flüssiger Form beschaffen, dann lassen sie sich noch einfacher dosieren und kombinieren.

Die Basis jedes Rezeptes ist das MCT-Öl (mittelkettige Fettsäuren für schnelle Energiebereitstellung), eventuell ergänzt durch Omega-3-Öl. Dazu kommen verschiedene Gemüse als Mineral- und Ballaststoffflieferanten, möglichst roh. Die Gewürze in den Rezepten sind in erster Linie an Ideen aus dem Buch *Gehirndoping mit Gewürzen* von Dr. Sabine Paul angelehnt. Auch hier ist Kreativität gefragt und der individuelle Geschmack steht im Vordergrund.

Im Anhang sind die Zutaten aufgeführt, die verschiedenen Gemüsesorten sind um die häufigsten enthaltenen Mikronährstoffe ergänzt. Bei manchen Zutaten gibt es eingelegte Varianten zu kaufen (z. B. Artischocken oder Tomaten). Bitte achten Sie darauf, nach Möglichkeit keine in Sonnenblumenöl eingelegten Produkte zu benutzen. Wenn Sie diese trotzdem verwenden, gießen Sie das Sonnenblumenöl ab oder verwenden Sie es anderweitig. Sie sollten dem Rezept dann mindestens drei Esslöffel Omega-3-Fischöl zufügen, damit das Verhältnis von

Omega-6- zu Omega-3-Fettsäuren gewahrt bleibt. Das Rezeptbuch versteht sich als Anregung, diese Zutatenliste individuell zu ergänzen und daraus eigene Kreationen herzustellen.

Wenn die Konsistenz zu dünn geraten ist, fügen Sie lösliche Ballaststoffe hinzu, dazu eignen sich besonders Flohsamenschalen, denn sie quellen sehr stark (vorsichtig dosieren, max. 1 TL!). Aber auch Akazienfasern, Guarkernmehl, resistente Stärke, Pektin oder Konjakwurzelmehl sind gutes Futter für die Darmbakterien. Ergänzend können Sie Gerstengraspulver, Chiasamen oder Quinoamehl verwenden, diese sind sehr mineralstoffreich. Sollte die Konsistenz zu fest sein, fügen Sie Öl, Wasser oder Joghurt zu.

Antioxidantien und sekundäre Pflanzenstoffe haben viele positive Eigenschaften für den Stoffwechsel und die Gehirnversorgung. Sie stärken Gedächtnis und Konzentration und unterstützen die Darmbakterien. Sie sind in vielen Gemüsen enthalten, die Bestandteile der Rezepte sind. Als Faustregel gilt: Je farbiger das Gemüse, desto mehr sekundäre Pflanzenstoffe sind enthalten.

Ob *Goldene Milch* aus Kurkuma, Ingwer, Mandelmilch, Pfeffer, Öl oder *Grüner Schluck* aus Staudensellerie, Zitrone, Öl, Gerstengraspulver: Rezepte für sogenannte *Powergetränke* finden sich in großer Zahl im Internet.

Besonders zu empfehlen ist *Griechischer Bergtee*. Er wurde von dem europaweiten Gremium HMPC (Committee on Herbal Medicinal Products) als *traditionelles pflanzliches Arzneimittel* eingestuft. Ihm wird ein Nutzen bei Vorbeugung und Behandlung von Demenz zugesprochen. Die neueste Studie zur Wirksamkeit von Sideritis-Pflanzenextrakten bei Alzheimererkrankungen wurde im April 2016 vom *Journal of Alzheimer's Disease* 53 (2016) veröffentlicht. Achten Sie beim Kauf auf gute Qualität. Mehr Informationen dazu finden Sie auf der Seite: https://www.teekenner.de/magazin/magazin-griechischer-bergtee-heil mittel-aus-der-antike/

Was bei guter Ernährung auch nicht zu kurz kommen darf, sind guter Schlaf, körperliche Aktivität und Krafttraining. Am besten sollte auch das Einhalten von Nahrungspausen trainiert werden – es sollte nur gegessen werden, wenn man auch Hunger hat, denn ständige kleine Portionen belasten den Körper eher. Nahrungspausen dagegen geben dem Organismus Zeit aufzuräumen und notwendige Reparaturen durchzuführen.

Tipps für die Zubereitung

Es gibt eine große Vielfalt bei den Aufstrichrezepten. Nehmen Sie ihre Lieblingsrezepte mit in dieses Buch auf und ergänzen Sie diese nach Möglichkeit mit den Ölen und Gewürzen. Verzichten Sie auf die Benutzung von industriell verarbeiteten Zutaten, denn diese enthalten oft viele Zusatzstoffe und Zucker.

Sie können die Aufstriche natürlich auch im Thermomix zubereiten. Es muss ja nicht immer der Passierstab sein. Man kann das Gemüse auch grob hacken und dann mit den anderen Zutaten mischen, so bleibt noch mehr Bissfestigkeit übrig.

Ergänzen Sie die Rezepte vor dem Verzehr immer mit frischen Kräutern und Sprossen. Insbesondere Petersilie, Schnittlauch und Dill können großzügig verwendet werden. Gerstengras ist ein hoch konzentrierter Lieferant von Mineralien, Vitaminen und sekundären Pflanzenstoffen. Jedes Rezept sollte nach Geschmack mit ein bis zwei Teelöffeln Pulver ergänzt werden.

Eine gute Adresse zum Bezug von Saatmaterial für Sprossen finden Sie unter Microgreens https://www.microgreen-shop.com/ Das Saatgut eignet sich sowohl für die Anzucht in Erde als auch im Sprossenglas.

Folgende Gewürze führt Dr. Sabine Paul in ihrem Buch *Gehirndoping mit Gewürzen* als Demenz vorbeugend oder verlangsamend auf:

- Bockshornklee
- Chili
- Ingwer
- Kardamom
- Knoblauch
- Koriander

- Kreuzkümmel
- Kurkuma
- Paprika
- Pfeffer
- Safran
- Senfkörner

- Thymian
- Vanille
- Ceylon Zimt
- Zwiebel

In den Rezepten sind diese nur selten extra aufgeführt, weil das von Koch/Köchin festgelegt werden sollte. Experimentieren Sie damit und finden Sie heraus, was Ihnen besonders gut schmeckt und wohltut, denn darauf kommt es an. Wenn Sie etwas nicht mögen, dürfen Sie das akzeptieren.

Aktuelle Tipps und gute Bezugsquellen für Gewürze finden Sie auf der Internetseite www.nerven-power.de.

Wer sich kohlenhydratarm ernähren aber auf Brot nicht verzichten möchte, dem seien folgende Adressen empfohlen:
https://ketofaktur.de/
https://www.panifactum.de/
Hier gibt es eine große Auswahl an kohlenhydratarmen Broten, die sich gut zum Dippen eignen. Sie können sie als Backmischung oder fertig gebacken erwerben.

Bei empfindlichen Personen kann die Verwendung von rohem Gemüse (insbesondere Porree oder Sellerie) zu Blähungen führen. Benutzen Sie zu Beginn eine geringere Menge Gemüse, würzen Sie mit Kümmel und beginnen Sie den Verzehr mit kleinen Mengen.

Ich wünsche Ihnen viel Spaß beim Ausprobieren der Rezepte und guten Appetit!

Die Rezepte

Obazda (ca. 200 g)

250 g Camembert
½ TL Paprikapulver
½ TL Kümmel, leicht gestoßen
¼ Zwiebel, rot
30 g Butter, zimmerwarm
2 EL MCT ÖL
etwas Salz und frisch gemahlenen Pfeffer

Zubereitung:

Die weiße Rinde des Camembert wegschneiden und den geschälten Camembert grob würfeln.
In einer Schüssel den Camembert mit einer Gabel andrücken. Die Butter in Stückchen dazugeben und zu einer geschmeidigen Masse vermengen.
Die Zwiebel schälen und fein würfeln.
Nun die Zwiebelwürfel und alle weiteren Gewürze sowie das MCT-Öl dazugeben und gut vermischen.
Die übrige Zwiebel schälen und in feine Ringe schneiden. Den Obazda mit Zwiebelringen garnieren und mit Paprikapulver bestäuben.

Tipp: Je reifer der Camembert, desto würziger der Obazda.

Aubergine-Feta-Aufstrich (ca. 250 g)

1 Aubergine (ca. 350 g)
20 g Olivenöl
1 Zweig Rosmarin
2 Zweige Thymian
1 Knoblauchzehe
Salz und Pfeffer
4 EL MCT-Öl
60 g Feta
10 g getrocknete eingelegte Tomaten

Zubereitung:

Die Aubergine schälen und halbieren. Anschließend auf ein mit Backpapier ausgelegtes Backblech geben. Den Ofen auf 180 Grad vorheizen. Knoblauch und Kräuter grob hacken und auf die Auberginenhälften verteilen. Salzen und pfeffern und mit dem Olivenöl beträufeln.
Für ca. 30 Minuten bei 180 Grad Umluft im Ofen schmoren, bis die Auberginenhälften leicht gebräunt sind. Anschließend etwas auskühlen lassen zur Weiterverarbeitung.
In einem Mixer die gebackene Aubergine mit 4 EL MCT-Öl fein mixen und anschließend in eine Schüssel geben.
Den Fetakäse leicht zerbröseln und zur Auberginencreme dazugeben. Die getrockneten eingelegten Tomaten würfeln und ebenfalls dazugeben. Alles mit einer Gabel mischen. Es darf gerne noch etwas stückig sein.

Tipp: Noch leicht lauwarm ist diese Creme ein besonderer Genuss!

Cashew-Schnittlauch-*Frischkäse* (ca. 500 g)

200 g Cashewnüsse
4 TL Apfelessig
½ TL Salz
1 Spritzer Zitronensaft
50 ml Leitungswasser
2 El MCT-Öl
10 g frischer Schnittlauch

Zubereitung:

Die Cashewnüsse mit Wasser bedeckt über Nacht (mind. 8 Stunden) einweichen. Anschließend das Wasser abgießen und die Nüsse kurz mit lauwarmen Wasser abspülen und etwas abtropfen lassen.
Die Nüsse nun in einen Mixer oder eine *Moulinette* geben. Apfelessig, Salz, einen Spritzer Zitronensaft, 50 ml Wasser und 2 El MCT-Öl dazugeben. Nun die Masse ordentlich mixen, bis eine ganz feine Creme daraus geworden ist. Dies kann einige Minuten dauern.
Den frischen Schnittlauch waschen und in feine Röllchen schneiden.
In einer Schüssel den Cashew-Frischkäse mit dem Schnittlauch unterheben.

Tipp: Der Cashew-Frischkäse schmeckt auch ohne Kräuter und ist somit neutral auch für süße Geschmackskompositionen.

Grüne Ziege

1 Pak Choi
100 g Brokkoliröschen roh
3 EL Sahnemeerrettich
150 g Ziegenfrischkäse pur oder mit Kräutern
4 EL MCT-Öl
2 EL Olivenöl

Zubereitung:

Die grünen Blätter vom Pak Choi grob hacken. Alle anderen Zutaten mit dem Stabmixer pürieren und dann die gehackten Blätter untermischen.

Spinat Kichererbse

100 g Spinat
100 g grüne Paprika
100 g Kichererbsen
100 g Schafskäse
10 grüne Oliven
1 EL Tahini
2 TL Kapern
1 TL Zitronensaft
2 EL MCT-Öl
2 EL Omega-3-Öl

Zubereitung:

Alle Zutaten mit dem Pürierstab zerkleinern und zu einer Paste verrühren. Bei Bedarf kann etwas Joghurt untergerührt werden.

Guacamole (ca. 400 g)

2 reife weiche Avocados
1 EL junger Knoblauch, geschnitten
¼ TL Koriander
5 Kirschtomaten, entkernt
1 Limette, ausgepresst
4 EL MCT-Öl
Salz und Pfeffer

Zubereitung:

Die Avocados halbieren und den Kern entfernen, einen Kern für später aufbewahren. Mit einem Löffel das Fruchtfleisch herauslösen. In einer Schüssel nun die Avocado mit einer Gabel zu einem feinen Mus zerdrücken.
Den jungen Knoblauch fein würfeln. Die Kirschtomaten halbieren und das Innere entfernen. Anschließend in feine Würfel schneiden.
Knoblauch und Tomatenwürfel zur Avocado dazugeben. Den Limettensaft, Koriander und das MCT-Öl ebenfalls dazugeben und alles miteinander verrühren. Mit Salz und frisch gemahlenem Pfeffer abschmecken.

Tipp: Einen Avocadokern zur Guacamole dazugeben, dann bleibt die Avocado schön grün, denn der Kern enthält Enzyme, die die Oxidation verzögern.

Grüner Humus

1 Avocado
1 Bund Petersilie
100 g Joghurt 3,5 % oder Quark
1 kleine grüne Paprika
100 g Humus oder Kichererbsen
1 Knoblauchzehe
2 EL Olivenöl pur oder mit Zitronengeschmack
4 EL MCT-Öl
Salz und Pfeffer

Zubereitung:

Alles mit dem Stabmixer pürieren und Gewürze nach Geschmack ergänzen.

Schwarze Olive

200 g schwarze Oliven
4 getrocknete Tomaten
½ grüne Paprika
1 Bund Petersilie
150 g Crème fraîche
200 g Schafskäse
2–3 Knoblauchzehen
4 EL MCT-Öl
2 EL Olivenöl

Zubereitung:

Alle Zutaten mit dem Stabmixer pürieren und Gewürze nach Wunsch hinzufügen.

Thunfisch-Kapern-Creme (ca. 180 g)

100 g (Abtropfgewicht) Thunfisch in Olivenöl
50 g Frischkäse
1 Ei, hart gekocht
2 Spritzer Zitronensaft
15 g frischer Stangensellerie
6 g Kapern (je nach Größe ca. 5 Stk.)
½ TL Koriander
2 El MCT-Öl
Salz, Pfeffer

Zubereitung:

Stangensellerie waschen, schälen und fein schneiden. Auch die Kapern und das Ei kleinschneiden.
Den Thunfisch abgießen und in eine Schüssel geben. Alle weiteren Zutaten hinzufügen und mit einer Gabel leicht zerdrücken, bis eine cremig, gut vermischte Masse entstanden ist.

Tzatziki (ca. 300 g)

300 g Salatgurke, geschält (entspricht ungefähr 350 g ungeschält)
200 g griechischer Joghurt
1 Knoblauchzehe, gepresst
2 EL MCT-Öl
Pfeffer und Salz

Zubereitung:

Zuerst die geschälte Gurke fein reiben und eine Prise Salz darüber geben. Anschließend ziehen lassen.

Das Salz lässt die Gurke wässern. Das dient dazu, dass die Gurke später im fertigen Tzatziki kein Wasser mehr verliert und sich die Konsistenz nicht mehr verändert.

Die Gurke nach ca. 30 Minuten Ziehzeit gut ausdrücken. Dazu eignet sich ein Nussmilchbeutel oder ein einfaches Passiertuch.

Nun in einer Schüssel alle Zutaten gut miteinander verrühren und dabei je nach Geschmack noch mit etwas Salz und frisch gemahlenem Pfeffer würzen.

Tipp: Himalayasalz aus der Mühle gibt nicht nur zusätzliche Farbe, sondern ist hinsichtlich der Intensität im Vergleich zu klassischem Meersalz deutlich milder.

Sellerie Avocado

150 g Sellerie
1 Avocado
100 g grüne Paprika
1 gekochtes Ei
1 Knoblauchzehe
10 schwarze Oliven
1 TL Kapern
4 EL MCT-Öl
2 EL Omega-3-Öl
1 TL Zitronensaft
Curry, Koriander, Chili, Salz

Zubereitung:

Alle Zutaten zerkleinern und mit dem Pürierstab glattmixen. Zum Schluss etwas grob gehackten Sellerie unterheben.

Sellerie Kichererbse

500 g Sellerie

100 g Kichererbsen gegart

100 g Schafskäse

1 gekochtes Ei

10 schwarze Oliven

30 g Walnüsse

1 TL Kapern

1 EL Tahini

4 EL MCT-Öl

2 EL Omega-3-Öl

1 TL Zitronensaft

Zubereitung:

Alle Zutaten mit dem Passierstab zerkleinern. Eine Stange vom Sellerie grob hacken und zum Schluss unterheben. Mit reichlich frischer Petersilie servieren.

Bei empfindlichen Personen kann die Verwendung von rohem Gemüse (insbesondere Porree oder Sellerie) zu Blähungen führen. Benutzen Sie zu Beginn eine geringere Menge Gemüse, würzen Sie mit Kümmel und beginnen Sie mit kleinen Mengen.

Forellen-Meerrettich-Creme (ca. 160 g)

125 g geräucherte Forellenfilets
30 g Meerrettichcreme
1 TL Senfkörner, angestoßen
1 TL Dill, frisch gehackt
2 EL MCT-Öl
1 Prise Salz
1 TL Kaviar, nach Geschmack als Topping

Zubereitung:

Die Forellenfilets fein würfeln, ca. 8 mm. In einer Schüssel mit allen weiteren Zutaten, bis auf den Kaviar, vorsichtig mit einer Gabel mischen. Je nach Geschmack mit einem Teelöffel Kaviar als Topping servieren.

Tipp: Die Forellen-Meerrettich-Creme ist ein Rezept für die, die gerne etwas schärfer essen.

Rote Artischocke

180 g Artischocken (aus dem Glas abgetropft oder gegart)
2 Spitzpaprika rot oder eine Gemüsepaprika, ca. 200 g
5 getrocknete Tomaten
100 g Frischkäse
10 schwarze Oliven
2 TL Kapern
1 Knoblauchzehe
5–10 Walnüsse
3 EL Omega-3-Öl

Zubereitung:

Walnüsse und etwas Paprika grob hacken und beiseitestellen. Alle Zutaten mit dem Pürierstab glattmixen. Zum Schluss die gehackten Walnüsse und Paprikastückchen unterheben. Mit frischen Sprossen servieren.

Radieschen Avocado

200 g Radieschen
1 Avocado
2 getrocknete Tomaten
50 g Walnüsse
1 Piri Piri
2 TL Kapern
1 Knoblauchzehe
1 TL Zitronensaft
3 EL MCT
2 EL Olivenöl
½ TL Kurkuma

Zubereitung:

Alle Zutaten mit dem Pürierstab glattmixen. Mit frischen Sprossen und Petersilie servieren.

Roter Fenchel

1 kleine Knolle rote Beete, ca. 100 g
1 Fenchel, ca. 250 g
200 g Schafskäse
3 TL Sahnemeerrettich
2 TL Kapern
1 EL Zitronensaft
3 EL MCT-Öl

Zubereitung:

Alle Zutaten mit dem Pürierstab glattmixen. Mit frischen Sprossen und Dill servieren.

Grünkohl mal roh

100 g gerupfter Grünkohl (frisch oder aufgetaut)
4 getrocknete Tomaten
100 g Kidneybohnenn oder Augenbohnen gegart
100 g Frischkäse
2 Piri Piri
1 EL Zitronensaft
3 EL MCT-Öl

Zubereitung:

Alle Zutaten mit dem Pürierstab glattmixen.

Heringsdip (ca. 800 g)

250ml Süße Sahne (Schlagsahne)
250 ml Saure Sahne
4 Matjesfilets in Öl
2 Mittelgroße Gewürzgurken
½ Päckchen Heringsgewürz
1 mittelgroße rote Zwiebel
½–1 Apfel (je nach Geschmack)
1 EL Apfelessig
2 TL Dill, gehackt
4 EL MCT-Öl
Salz und Pfeffer

Zubereitung:

Zu Beginn die Matjesfilets für eine Stunde in kaltes Wasser legen.
Nach dem Wässern nochmals unter fließendem Wasser abspülen. An-
schließend die Filets in feine Würfel schneiden.
Die Zwiebel schälen und ebenfalls in feine Würfel schneiden, ggf.
einen Teil der Zwiebel in Ringe schneiden.
Den Apfel schälen, entkernen und auch fein würfeln. Genauso die Ge-
würzgurken fein hacken.
Nun den Dip herstellen. In einer Schüssel süße und saure Sahne mit
einem Schneebesen verrühren. Alle Kräuter und weiteren gewürfelten
Zutaten hinzugeben, gut verrühren.
Zum Schluss den fein geschnittenen Matjes unterheben.

Tipp: Am besten schmeckt der Heringsdip, wenn er einen Tag im
Kühlschrank gezogen ist.

Räucherlachs-Tatar (ca. 250 g)

200 g geräucherter Lachs
10 g Rote Zwiebel, gewürfelt
1 TL Dill, frisch geschnitten
3 Cocktailtomaten
¼ Zitrone
2 EL MCT ÖL
½ TL Senfkörner, gestoßen
6 Kapern, gehackt
etwas Salz und Pfeffer

Zubereitung:

Das geräucherte Lachsfilet fein hacken. Die Rote Zwiebel schälen und fein würfeln. Die Cocktailtomaten waschen, halbieren und anschließend das Kerngehäuse herausschneiden. Das feste Fruchtfleisch der Tomate ebenfalls fein würfeln. Saft einer ¼ Zitrone auspressen. 6 Kapern fein hacken. Die Senfkörner in einem Mörser leicht anstoßen. Nun alle vorbereiteten Zutaten in einer Schüssel ordentlich miteinander vermengen.

Tipp: Das Räucherlachs-Tatar kann auch hervorragend in einer Avocadohälfte drapiert und serviert werden.

Mangold Avocado

150 g Mangold (frisch oder aufgetaut)
1 Avocado
100 g Kichererbsen
1 Piri Piri
1 EL Zitronensaft
4 EL MCT-Öl
Salz, Pfeffer

Zubereitung:

Alle Zutaten mit dem Pürierstab glattmixen.

Petersilienavocado

1 Avocado
3 Kirschtomaten
1 Bund glatte Petersilie
50 g Frischkäse
1 EL Zitronensaft
2 Knoblauchzehen
4 EL MCT-Öl
Salz, Pfeffer

Zubereitung:

Alle Zutaten mit dem Pürierstab glattmixen.

Linsenpaprika

1 rote Paprika
100 g rote Linsen gegart
1 Bund glatte Petersilie
50 g Frischkäse
50 g Walnüsse
1 Knoblauchzehe
1 TL Zitronensaft
4 EL MCT-Öl
Salz, Pfeffer, Koriander

Zubereitung:

Alle Zutaten mit dem Pürierstab glattmixen.

Ingwer-Geflügel-Chutney (ca. 280 g)

200 g Geflügelbrust
50 g Frischkäse
5 g frischer, geschälter Ingwer
1–2 TL Curry
2 EL MCT-Öl
Salz und Pfeffer

Zubereitung:

Die Geflügelbrust abwaschen und in Salzwasser ca. 15–20 Minuten garen. Anschließend auskühlen lassen.
Den Ingwer fein hacken.
Nun die Geflügelbrust vorsichtig in ca. 5 mm große Stücke würfeln.
Alle Zutaten in eine Schüssel geben und mit einer Gabel glattrühren.

Tipp: Wer geschmacklich ein Fan von Röstaromen ist, kann die Geflügelbrust auch anbraten. Das Ergebnis wird dann würziger und kräftiger. Gekocht ist das Ingwer-Geflügel-Chutney leichter und feiner im Geschmack.

Fenchelkäse

½ Fenchel
10 grüne Oliven
100 g Ziegenfrischkäse
30 g gehackte Walnüsse
1 Knoblauchzehe
1 TL Zitronensaft
4 EL MCT-Öl
Salz, Pfeffer, Chili, Dill

Zubereitung:

Etwas Fenchel und Walnüsse grob hacken und beiseitestellen. Die restlichen Zutaten mit dem Pürierstab glattmixen. Zum Schluss die grob gehackten Zutaten unterheben.

Avocadotomate

8 getrocknete Tomaten
1 Avocado
100 g Frischkäse
50 g Joghurt
20 g Sahnemeerrettich
2 Knoblauchzehen
2 TL Kapern
4 EL MCT-Öl
Salz, Pfeffer, Chili, Dill

Zubereitung:

Alle Zutaten mit dem Pürierstab glattmixen.

Porreekäse

2 mittlere Stängel Porree
1 Bund Petersilie
200 g Frischkäse
100 g Kichererbsen
1 Knoblauchzehe
2 TL Kapern
3 EL MCT-Öl
Salz, Pfeffer

Zubereitung:

Alle Zutaten mit dem Pürierstab glattmixen. Je nach Porree kann es sehr scharf werden, in diesem Fall nehmen Sie noch mehr Frischkäse. Bei empfindlichen Personen kann die Verwendung von rohem Gemüse (insbesondere Porree oder Sellerie) zu Blähungen führen. Benutzen Sie zu Beginn eine geringere Menge Gemüse, würzen Sie mit Kümmel und beginnen Sie mit kleinen Mengen.

Frischer Lachs

125 g geräucherter Lachs
1 größere Tomate oder 3 Kirschtomaten
150 g Frischkäse
50 g Joghurt
2 EL MCT-Öl
1 Bund Dill
Salz, Pfeffer, Chili

Zubereitung:

Den Lachs mit der Gabel zerkleinern, die Tomate grob zerkleinern und
alles mit dem Frischkäse und dem Dill mischen.

Spinatlinsen

200 g gegarte rote Linsen (entspricht ca. 90 g trockene Linen)
150 g frischer Spinat (oder aufgetaut)
150 g griechischer Joghurt
30 g Walnüsse
1 Piri Piri
1 TL Kapern
1 TL Zitronensaft
2 EL MCT-Öl
Salz, Pfeffer, Dill

Zubereitung:

Alle Zutaten mit dem Pürierstab glattmixen.

Petersilienquark

200 g Quark (45% Fett)
2 Bund Petersilie
3 Zehen Knoblauch
4 EL MCT-Öl
2 EL Olivenöl, ggf. mehr nach Bedarf
Salz, Pfeffer

Zubereitung:

Alle Zutaten mit dem Pürierstab glattmixen. Je nach Menge der Petersilie kann großzügig mit Olivenöl aufgefüllt werden. Dazu schmecken Ofenkartoffeln. Die Kartoffeln dafür am Vortag garen und über Nacht im Kühlschrank lagern.

Avocado-Kakao-Creme (ca. 180 g)

1 reife, weiche Avocado
1 Vanilleschote, ausgekratzt
2–3 EL Erythrit *Puderzucker*
2 EL 100 % Kakao, schwach entölt
4 EL MCT-Öl
2 EL Mandelmilch

Zubereitung:

Alle Zutaten in einem Mixer oder einer *Moulinette* so lange mixen, bis die Avocado ordentlich püriert ist und ein feines, homogenes und cremiges Mus entstanden ist.

Tipp: Mit frischen Beeren oder pur genießen!

Crema Catalana (ca. 250 g, 1 Portion ca. 83 g)

100 ml Sahne
100 ml Milch
2 Eigelb
1 TL Zimt
½ ausgepresste Orange
½ Vanilleschote, ausgekratzt
3 TL Low-Carb-Karamellzucker
2 TL Zitrusfaser
4 Safranfäden
2 Blattgelatine
2 EL MCT-Öl

Zubereitung:

Die Blattgelatine in kaltem Wasser für ca. 5 Minuten einweichen.
In einem Topf Sahne, Milch, 2 Eigelb, Zimt, den Saft einer halben Orange, Vanille, Low-Carb-Karamellzucker und Safran unter Rühren einmal kurz aufkochen.
Vom Herd nehmen, 2 TL Zitrusfaser dazugeben und einmal mit dem Zauberstab mixen.
Nun die Blattgelatine auspressen, dazugeben und glattrühren, bis sich die Gelatine gleichmäßig aufgelöst hat.
Das MCT-Öl ebenfalls einrühren.
Die noch warme Creme in Portionen in Schälchen abfüllen und diese ca. eine Stunde kaltstellen.

Tipp: Die Crema Catalana eignet sich pur als Dessert zu Obst oder auch als cremig-süßer Brotaufstrich.

Süße Versuchung mit Ceylon Zimt

4–5 EL Kakaopulver stark entölt
4–5 EL Pflanzenmilch oder Wasser
5 EL Mandelmus
150 g griechischer Joghurt
200 ml Schlagsahne
2–3 EL Erythrit *Puderzucker*
2 TL Ceylon Zimt

Zubereitung:

Den Kakao mit der Flüssigkeit verrühren, dann Mandelmus, Joghurt, Zimt und Erythrit hinzufügen und glattrühren. Die Schlagsahne steif schlagen und unterheben.

Tipp: Mit frischen Beeren oder pur genießen!

Liste mit Zutaten

Eiweiß
Frischkäse verschiedene Sorten
Gekochtes Ei
Hüttenkäse
Joghurt 3,5 % Fett
Quark 45% Fett
Schafskäse
Ziegenfrischkäse

Fisch
Thunfisch im eigenen Saft oder in Olivenöl
Lachs geräuchert

Cremigmacher
Avocado
Chiasamenmehl
Flohsamenschalen
Kichererbsen
Kidney Bohnen
Linsen rot oder schwarz
Quinoa gekocht oder Quinoa Mehl
Reis (am Vortag gekocht und gekühlt)
schwarze Bohnen
Tahini Sesampaste

Gemüsesorten frisch oder tiefgekühlt, ggf. leicht vorgegart

Artischocke	Paprika
Bärlauch frisch	Pastinake
Blumenkohl gegart	Portulak
Brokkoli	Radieschen
Erbsen grün	Rotkohl
Fenchel	Ruccola

Grünkohl	Spinat
Gurke	Stangensellerie
Kapern	Tomaten roh oder getrocknet
Knoblauch	Weißkohl
Meerrettich	Zucchini
Möhren roh oder gekocht	Zwiebel

Gewürze

Chili	Ingwer
Curry	Kardamom
Dill	Knoblauch
Kresse	Koriander
Kurkuma	Kreuzkümmel
Minze	Paprika
Petersilie frisch	Pfeffer
Rosmarin	Safran
Schnittlauch	Senfkörner
Sprossen	Vanille
Thymian	Zimt
Bockshornklee	Zwiebel

Ballaststoffe

Akazienfaser
Flohsamenpulver
Gerstengraspulver
Guarkernmehl
Konjakwurzelmehl

Öle

Hanföl	Olivenöl mit Zitronengeschmack
Kürbiskernöl	Omega-3-Öl (Fisch oder Algenöl)
Leinöl	Schwarzkümmelöl
MCT-Öl	Sesamöl
Olivenöl pur	Walnussöl

Zufuhrempfehlung DACH(Ernährungsgesellschaften Deutschland, Österreich und Schweiz)

300–400 mg		1000–1200 mg	
Lebensmittel	**Magnesium**	**Lebensmittel**	**Kalzium**
Chiasamen	392	Tahini	426
Portulak	151	Chiasamen	255
Tahini	95	Schafskäse	248
Spinat	62	Ziegenfrischkäse	214
Kichererbsen	61	Grünkohl	209
Quinoa	58	Ruccola	160
Mangold	54	Zwiebel	140
Linsen	50	Joghurt	120
Kohlrabi	43	Spinat	117
Meerrettich	38	Mangold	109
Knoblauch	35	Frischkäse	98
Ruccola	34	Portulak	95
Thunfisch	27	Quark	95
Pastinake	26	Meerrettich	94
Avocado	25	Stangensellerie	80
Lachs	25	Kohlrabi	59
Erbsen grün	23	Brokkoli	59
Grünkohl	23	Artischocke	56
Artischocke	20	Kichererbsen	49
Kapern	17	Pastinake	47
Zucchini	17	Kapern	46
Schafskäse	17	Weißkohl	45
Brokkoli	16	Fenchel	40
Ziegenfrischkäse	15	Pak choi	40
Paprika	14	Knoblauch	38
Blumenkohl gegart	13	Zucchini	27
Stangensellerie	12	Erbsen grün	26
Joghurt	12	Quinoa	25
Fenchel	11	Radieschen	25

Tomaten roh oder getrocknet	11	Kürbis	24
Weißkohl	11	Linsen	23
Pak choi	11	Blumenkohl gegart	22
Frischkäse	11	Möhren roh oder gekocht	21
Quark	11	Gurke	16
Möhren roh oder gekocht	10	Avocado	14
Radieschen	9	Paprika	10
Zwiebel	9	Tomaten roh oder getrocknet	9
Gurke	8	Thunfisch	0
Kürbis	7	Lachs	0

Die Einheit ist mg und bezieht sich auf jeweils 100 g

Zufuhrempfehlung DACH (Ernährungsgesellschaften Deutschland, Österreich und Schweiz)

	2000 mg		700 mg
Lebensmittel	**Kalium**	**Lebensmittel**	**Phosphor**
Chiasamen	813	Tahini	732
Meerrettich	628	Chiasamen	642
Quinoa	562	Schafskäse	263
Spinat	554	Lachs	248
Avocado	550	Quark	187
Knoblauch	530	Frischkäse	178
Pastinake	523	Thunfisch	172
Tahini	414	Kichererbsen	169
Portulak	390	Quinoa	156
Ruccola	369	Ziegenfrischkäse	145
Fenchel	343	Knoblauch	134
Lachs	330	Linsen	130
Stangensellerie	329	Erbsen grün	116
Kohlrabi	322	Artischocke	110

Grünkohl	308	Meerrettich	93
Artischocke	305	Joghurt	92
Möhren roh oder gekocht	287	Grünkohl	86
Kichererbsen	280	Pastinake	82
Kürbis	264	Ruccola	64
Paprika	260	Stangensellerie	64
Linsen	255	Brokkoli	63
Radieschen	239	Fenchel	54
Blumenkohl gegart	232	Kohlrabi	50
Tomaten roh oder getrocknet	228	Avocado	49
Thunfisch	226	Blumenkohl gegart	49
Weißkohl	216	Spinat	46
Brokkoli	212	Kürbis	46
Mangold	210	Mangold	39
Gurke	164	Möhren roh oder gekocht	36
Joghurt	157	Portulak	35
Zucchini	153	Weißkohl	35
Pak choi	144	Zwiebel	35
Zwiebel	140	Paprika	30
Erbsen grün	138	Zucchini	30
Ziegenfrischkäse	120	Pak choi	30
Frischkäse	119	Tomaten roh oder getrocknet	26
Quark	87	Radieschen	17
Schafskäse	57	Gurke	15
Kapern	26	Kapern	0

Die Einheit ist mg und bezieht sich auf jeweils 100 g

Zufuhrempfehlung DACH (Ernährungsgesellschaften Deutschland, Österreich und Schweiz)

Lebensmittel	10–15 mg Eisen	Lebensmittel	10 mg Zink
Tahini	9	Tahini	4,6
Chiasamen	5,7	Chiasamen	4,3
Portulak	3,6	Kichererbsen	1,4
Spinat	3,4	Linsen	1,4
Quinoa	3	Meerrettich	1,4
Kichererbsen	2,7	Quinoa	1
Mangold	2,3	Zwiebel	1
Linsen	2,1	Schafskäse	1
Grünkohl	1,8	Pastinake	0,9
Ruccola	1,5	Erbsen grün	0,8
Knoblauch	1,4	Spinat	0,7
Thunfisch	1,3	Thunfisch	0,7
Erbsen grün	1,3	Avocado	0,6
Meerrettich	1,2	Knoblauch	0,6
Zwiebel	1,2	Quark	0,5
Artischocke	1	Frischkäse	0,5
Zucchini	1	Ziegenfrischkäse	0,5
Kapern	0,9	Joghurt	0,5
Brokkoli	0,8	Artischocke	0,5
Kürbis	0,8	Ruccola	0,4
Pastinake	0,7	Brokkoli	0,4
Paprika	0,6	Pak choi	0,4
Pak choi	0,6	Portulak	0,3
Kohlrabi	0,5	Mangold	0,3
Blumenkohl gegart	0,5	Grünkohl	0,3
Quark	0,4	Paprika	0,3
Avocado	0,4	Kohlrabi	0,3
Möhren roh oder gekocht	0,4	Blumenkohl gegart	0,3
Radieschen	0,4	Möhren roh oder gekocht	0,3

Weißkohl	0,3	Zucchini	0,2
Tomaten roh oder getrocknet	0,3	Kürbis	0,2
Lachs	0,2	Radieschen	0,2
Stangensellerie	0,2	Fenchel	0,2
Gurke	0,2	Weißkohl	0,1
Schafskäse	0,1	Tomaten roh oder getrocknet	0,1
Frischkäse	0,1	Stangensellerie	0,1
Ziegenfrischkäse	0,1	Gurke	0,1
Joghurt	0,1	Kapern	0
Fenchel	0	Lachs	0

Die Einheit ist mg und bezieht sich auf jeweils 100 g

Literatur und Links

https://spitzen-praevention.com/2021/02/23/optimale-gehirn-gesundheit-durch-integrative-funktionelle-medizin/

https://www.aerzteblatt.de/nachrichten/109460/Deutliche-Zunahme-an-Demenzkranken-in-Deutschland-und-Europa-erwartet

https://kompetenz-statt-demenz.de/was-ist-demenz/

https://kompetenz-statt-demenz.de/gehirn-koerper/darm-mikrobiota/

Gröber U, *Magnesium and Drugs*: https://www.mdpi.com/1422-0067/20/9/2094

https://ethz.ch/de/news-und-veranstaltungen/eth-news/news/2017/02/klimawandel-verstaerkt-selenmangel.html

https://kompetenz-statt-demenz.de/ashwagandha-wie-kann-dieses-kraftvolle-kraut-demenz-verhindern/

https://kompetenz-statt-demenz.de/

Von Schacky C., Hirnstruktur und Hirnfunktion: Rolle der Omega-3 Fettsäuren: https://www.omegametrix.eu/studien/Omegametrix_Hirnstruktur_und_Hirnfunktionen.pdf

https://www.microgreen-shop.com/

Pahnke et al.: *Journal of Alzheimer's Disease* 53 (2016) 967–980: *Sideritis spp. Extracts Enhance Memory and Learning in Alzheimer's [1]-Amyloidosis Mouse Models and Aged C57Bl/6 Mice*
https://pubmed.ncbi.nlm.nih.gov/27258424/

Buchtipps:

Ulrike Gonder, Prof. Heilmeyer: *Essen! nicht! vergessen!*

Sabine Paul: *Hirndoping mit Gewürzen*

Emeran Meyer: *Das zweite Gehirn,* riva 2020

James Greenblatt: *Lithium – Das Supermineral für Gehirn und Seele,* Vak 2019

Dr. Dale Bredesen: *Die Alzheimer Revolution,* mvg Verlag 2020

Datis Kharrazzzian: *Was ist bloß mit meinem Gehirn los?,* Vak 2019

Dr. med. Michael Nehls: *Die Formel gegen Alzheimer,* Heyne 2018

Dr. med. Michael Nehls: *Alzheimer ist heilbar,* Heyne 2017

Dr. Bruce Fite: *Stopp Alzheimer,* systemed 2011